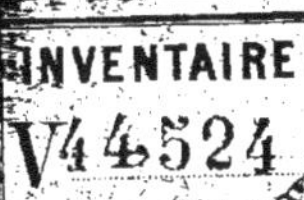

# DAGUERRÉOTYPE.

## PHOTOGRAPHIE

### SUR PLAQUÉ.

Nouvelle brochure. — Perfectionnement.
— Composition du chloro-bromure de chaux. — Réussite certaine. —
Moyen de colorier les épreuves.

PAR

## M. LEGROS,

Professeur, membre de plusieurs académies, sociétés savantes, etc.,
honoré de médailles d'or et d'argent.

*Deux exemplaires ont été déposés au Ministère de l'Intérieur
et à la Bibliothèque nationale.*

Un Volume. — Prix : 4 fr. 50 c.

SE TROUVE À PARIS, CHEZ L'AUTEUR,
ATELIERS DE PORTRAITS ET LEÇONS,
RUE SAINT-HONORÉ, 199.

EXPOSITION PERMANENTE, GALERIE DE VALOIS, 118, PALAIS-ROYAL.

Chez tous les principaux libraires de France
et de l'Étranger.

Typ. Vinchon,  8, rue J.-J. Rousseau.

1852

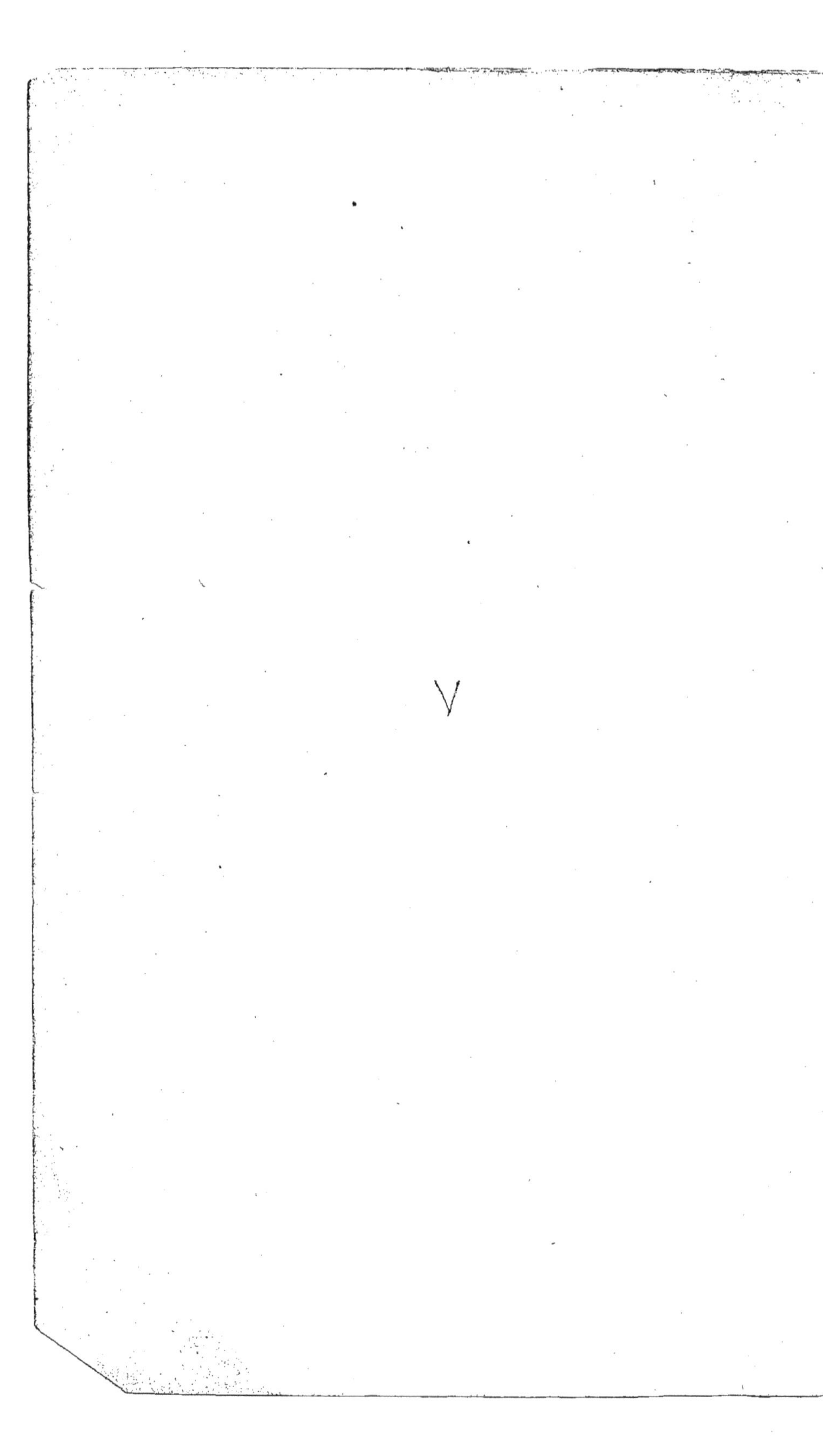

# DAGUERRÉOTYPE.

## PHOTOGRAPHIE SUR PLAQUÉ.

Paris. — Imprimerie Vinchon, rue J.-J. Rousseau, 8. — 1719.

# DAGUERRÉOTYPE.

## PHOTOGRAPHIE

### SUR PLAQUÉ.

Nouvelle brochure. — Perfectionnement.
— Composition du chloro-bromure de chaux. — Réussite certaine. —
Moyen de colorier les épreuves.

PAR

## M. LEGROS,

Professeur, membre de plusieurs académies, sociétés savantes, etc.,
honoré de médailles d'or et d'argent.

*Deux exemplaires ont été déposés au Ministère de l'intérieur
et à la Bibliothèque nationale.*

**Un Volume. — Prix : 4 fr. 50 c.**

**SE TROUVE A PARIS, CHEZ L'AUTEUR,**

ATELIERS DE PORTRAITS ET LEÇONS,

RUE SAINT-HONORÉ, 199.

EXPOSITION PERMANENTE, GALERIE DE VALOIS, 116, PALAIS-ROYAL,

Et chez tous les principaux libraires de France
et de l'Étranger.

# PRÉFACE.

Si nous jetons les yeux sur le passé et que nous ve-
nions à considérer le daguerréotype à son origine et le
daguerréotype dans son état actuel, nous sommes con-
damné à nous demander s'il est bien possible qu'un
art, de si petit qu'il était jadis, soit devenu grand et
sublime, dans une limite aussi resserrée, quant au
temps. Est-il bien vrai qu'il ait si tôt abandonné sa
petitesse d'autrefois, pour arriver au degré de perfectionnement que nous lui voyons aujourd'hui? Prenons-le
à son commencement et suivons-le pas à pas jusqu'à
son plus haut degré d'élévation, et nous acquerrons
par ce moyen la possibilité de porter sur son compte un
jugement plus sûr et moins entaché d'erreurs, par cela
même qu'il aura été pour nous l'objet d'un sérieux
examen. Les résultats que l'on a obtenus tout d'abord
n'avaient rien de bien agréable pour l'œil, rien qui
pût flatter le regard du spectateur. Une silhouette d'un
noir plus ou moins foncé, des tons sans vigueur et sans
énergie, tel fut le daguerréotype à son début.

Encore se trouvait-on heureux et satisfait lorsqu'on

pouvait parvenir à atteindre un tel résultat, qui certes n'était pas accessible pour tout le monde. Quelle était la personne qui pouvait se dire : « Je resterai immobile pendant un quart d'heure ou une demi-heure (car telle était la durée de la pose à cette époque) sans éprouver le moindre mouvement ? » Il n'en est pas de la pose comme de ces milliers d'obstacles auxquels on peut opposer une volonté ferme et irrésistible ; un muscle, un nerf a éprouvé une commotion, l'agitation se trahit extérieurement par quelque mouvement involontaire, comme la cause qui l'a formé. Comment alors faisait-on lorsqu'il s'agissait d'obtenir le portrait d'un de ces modèles, auxquels une pose de vingt à vingt-cinq secondes semble une éternité, et qui, par leur agitation continuelle, mettent l'opérateur dans la nécessité de recommencer trois ou quatre fois l'opération. Comme il était de toute impossibilité de porter remède à l'effet, on songea à améliorer la cause. La cause était une trop longue exposition à la chambre noire ; diminuer donc la durée de l'exposition fut le but vers lequel on tendit désormais ; mais ce temps ne pouvait être abrégé que par les rectifications apportées dans les produits chimiques, et les substances chimiques devinrent l'objet de l'étude et de l'attention des hommes entraînés par l'amour de la science et de l'art. L'iode, qui jusque-là avait été la seule substance qui servît à la préparation de la plaque, se vit bientôt accompagné du brôme, qui donna au portrait plus de grâce, en diminuant énormément la durée de la pose.

Mais ce n'était pas là encore que devait s'arrêter le

progrès d'un art qui avait su inspirer la confiance à une
foule d'hommes éminents, qui, plus ils obtiennent de
succès dans leurs recherches, plus ils veulent en obtenir.
A la vue de la vitesse acquise par le brôme, on ne douta
plus alors de la possibilité de placer cet art à un des
rangs les plus honorés de la vie sociale; déjà le pas était
immense. Néanmoins la sécurité n'était pas complète :
le chlorure d'iode vint alors en aide, et la rivalité la plus
surprenante s'établit entre les artistes.

Chacun prétendit avoir fait sa découverte, chacun
aussi voulut avoir une liqueur à lui particulière pour
accélérer son opération. Mais quelles que fussent ces liqueurs, toutes avaient pour composition le chlore et le
brôme; bientôt elles se virent supplantées : ces luttes
cessèrent en présence d'une autre substance, qui attira
l'attention des artistes et porta un coup terrible à cet
amas de liqueurs dont on se plaisait à augmenter chaque
jour le nombre; chacun se fit un devoir de profiter des
avantages que procurait le nouveau produit, le bromure
de chaux, dit système américain; et toutes les liqueurs
furent détrônés.

Le portrait une fois confié à la plaque, une difficulté
se présentait : elle consistait à l'y faire adhérer de manière à ce qu'il ne pût l'abandonner sans l'action d'une
cause quelconque, telle que la présence d'un corps étranger, soit organique, soit inorganique. Ce fut dans ces
circonstances que parut le chlorure d'or; le problème
disparut, la difficulté était résolue; mais le dernier coup
porté à cette partie de la science fut la découverte du sel
d'or, qui eut, de plus que son prédécesseur, l'avantage

de ne point se corrompre ; et, au lieu de ces épreuves sans vigueur, le sel d'or Fordos-Gélis donna ces belles épreuves aux tons chauds et vigoureux, qui excitèrent l'admiration des amateurs du beau et du progrès dans les sciences. L'étonnement redoublait chaque fois qu'un nouveau procédé venait enrichir et éclairer un art qui était resté si longtemps enseveli dans le chaos, et qui, aussitôt après sa sortie, guidé par le flambeau des sciences chimiques, il est vrai, marcha si vite et d'un pas si rapide qu'il atteignit tout d'un coup les arts ses devanciers. Aujourd'hui, le bromure de chaux a quitté le seuil des meilleurs artistes pour faire place à une combinaison de chlore et de brôme, qui n'est autre chose qu'un bromure de chaux perfectionné; c'est cette dernière substance qui a porté au plaqué le dernier coup ; c'est elle qui l'a élevé à la hauteur où nous le remarquons aujourd'hui. C'est de cette dernière composition que nous nous servons ; elle nous a toujours paru emporter avec elle un degré de supériorité marqué sur toutes les autres.

C'est au milieu d'une telle marche que nous venons apporter au monde artistique le dernier complément nécessaire pour obtenir un plein succès. Avec nos méthodes anciennes, la réussite était infaillible; aujourd'hui, nous faisons plus : avec le volume intitulé *Photographie sur plaqué,* nous lui disons : « Jusqu'ici vous avez fait des portraits, vous avez obtenu des épreuves, le succès pour nous n'est pas douteux; mais ce que nous voulons, c'est que là ne se borne pas la réussite ; vos épreuves doivent devenir ce qu'elles n'ont jamais été ; il leur faudra atteindre un degré de supériorité auquel vous ne pourrez parvenir sans l'emploi du chloro-bromure de chaux, tel que nous le préparons, tel qu'il est indiqué dans une édition à laquelle nous avons donné tous nos soins, tel enfin que nous nous en sommes servi nous-même jusqu'à cette heure. » Ne rien négliger sur plaqué pour le perfectionnement de l'artiste et de l'amateur, a été notre désir ; heureux si notre espérance n'a pas été trompée : nous verrons avec un secret contentement l'art progresser par nous , l'art progresser par l'entremise d'un maître fidèle et assuré qui ne faillira pas à la mission qu'il s'est imposée ; car notre méthode s'est donné la généreuse mission de livrer à la connaissance de tous les secrets les plus cachés, de dévoiler le mystère dont on s'était plu à s'entourer jusqu'à ce jour. Qu'elle devienne donc le guide constant et assidu du photographe, ce sera avoir rendu à l'esprit qui l'a inspirée le plus éclatant témoignage de reconnaissance.

# DAGUERRÉOTYPE

## SUR PLAQUÉ.

### CHAPITRE I.

**Du choix des plaques et des inconvénients de la mécanique à polir.**

Choisir la plaque est un des grands points du daguerréotype; avec de mauvaises plaques, plus de portrait possible; aussi l'artiste avant de s'en servir doit-il les examiner avec le plus grand soin et les essayer presque pour ainsi dire. Il sera à même de juger de leur qualité en laissant son haleine légèrement passer dessus; il se forme alors sur la plaque une espèce de vapeur qui n'est persistante qu'autant que la plaque est dans de bonnes conditions; la moindre tache, le moindre défaut se fait reconnaître par l'absence de cette vapeur. Les défauts à reconnaître sont de plusieurs espèces; ce sont tantôt des taches de cuivre, tantôt de petits points noirs, ou bien d'autres fois des espèces de lames provenant les unes du batteur, les autres des produits employés à leur fabrication. Quelle que soit la

cause de ces imperfections, on ne doit jamais
essayer de faire le portrait avec ces plaques, ou
l'on est assuré par avance d'une mauvaise réussite. Si, par exemple, ces taches ou ces défauts
se trouvaient, par un heureux hasard, placés à
l'une des extrémités de la plaque, celle-ci ne doit
néanmoins pas être rejetée : on la place dans le
châssis la tache en haut, afin qu'elle se repro-
duise au pied du portrait et que l'on soit à
même de la cacher avec le passe-partout. Quelquefois il arrive qu'après deux ou trois polis,
l'argent ayant été mal réparti, le cuivre apparaît ; la plaque, à partir de ce moment, ne doit
plus servir ; ces taches se reconnaissent à la couleur rougeâtre qu'elles laissent apercevoir. S'il
arrivait que l'on tombât sur des plaques de
bonne condition, ce serait une mesure de sûreté
que de s'en munir d'une certaine quantité ; elles
se divisent en 1/6, 1/4, 1/3, 1/2 et plaque entière ou normale, suivant la grandeur du portrait que l'on veut faire, et portent le titre indi-
quant la quantité d'argent et de cuivre qui
entre dans leur composition. Les titres en
usage sont le 40$^e$, le 30$^e$ et le 20$^e$ d'argent. La

grandeur 1/4 est celle que l'on fait ordinairement.

On a beaucoup parlé des tours ou mécaniques
à polir qui devaient diminuer énormément le
travail manuel et remplacer avec avantage le
poli au coton et au polissoir; jusqu'ici le résultat ne s'est pas montré aussi considérable
qu'on avait bien voulu le prétendre. Tous les
artistes sont forcés de se servir du polissoir pour
terminer leur plaque et lui donner véritablement le poli, car le rôle de la mécanique s'est
borné jusqu'ici à décaper la plaque, et jamais
avec cet instrument on n'obtiendra la netteté
que peut donner l'autre système lorsqu'il est
entre les mains d'un polisseur habile. De plus,
avec la mécanique il arrive souvent que s'il se
trouve des défauts dans la plaque vous ne pouvez les constater que lorsque le portrait est
terminé; tandis qu'avec le polissage à la main
il vous est facile de vous assurer, au moins en
partie, des défauts qu'elle contient; de lui faire
subir un second poli, si vous le croyez nécessaire; ou bien de la rejeter pour ne plus vous
en servir.

# CHAPITRE II.



**Polissage ou décapage de la plaque.**

Avant de polir une plaque, deux préparations
à lui faire subir : 1° la biseauter ; 2° en abattre
les coins. Pour biseauter une plaque on se sert
d'un instrument appelé planche à biseauter ;
elle se compose d'une planche ordinaire ayant
environ 40 centimètres de long sur 8 de large ;
une rainure est pratiquée sur un de ses côtés dans
toute sa longueur ; au-dessus de cette rainure se
trouve une espèce de couteau fixé dans une
pièce de bois et que l'on peut promener sur
toute la longueur de la planchette. Si l'on fait
passer une plaque entre la planche et le couteau,
de manière qu'un de ses côtés se trouve sous ce
dernier, celui-ci, en passant, forcera le côté à
s'abaisser ; il en sera de même des trois autres
côtés. Le couteau pouvant monter ou descendre
à volonté, si le côté était trop ployé on l'élève-
rait un peu plus haut ; dans le cas contraire,

on l'abaisserait. Il faut tenir sa plaque toujours bien droite sur la planchette à biseauter, ou bien on s'exposerait à la ployer en son milieu. Cette opération du biseautage est due à la crainte de déchirer le polissoir au moment de son passage sur la plaque.

Lorsque la plaque est biseautée, au moyen d'une petite pince on abat ses quatre coins pour faciliter leur entrée dans chacune des agrafes en argent situées aux angles de la planchette.

Ainsi disposée, on introduit le premier coin dans l'agrafe immobile, le second dans sa parallèle ou celle qui lui fait face, les deux derniers à volonté.

Aussitôt cela fait, vous placez votre planchette sur un étau, de manière qu'elle soit légèrement inclinée en dedans du côté de la personne qui polit, puis vous vous entourez de tout ce qui est nécessaire pour la polir, je veux dire l'esprit de vin, le tripoli, le rouge, le coton, le polissoir, de manière que le polisseur passe de l'un à l'autre sans interruption. Lorsque tout est ainsi préparé, versez sur la plaque une certaine quantité de tripoli très fin, tripoli de Venise, impalpable, puis quelques goûttes d'esprit de vin à 40°; il est préférable à l'alcool à 36° et donne un bruni que ne fournit pas celui-ci; prenez un tampon de coton fortement serré et étendez votre couche de tripoli et d'esprit de vin sur toute l'étendue de la plaque; mais notez bien qu'en donnant à votre coton la forme d'un tampon, vous ne devez jamais mettre les doigts sur le côté qui devra polir votre plaque; remarquez encore que lorsque votre tampon est bien fixé entre vos doigts ceux-ci ne doivent plus quitter la place qu'ils occupaient, sans quoi la sueur dont le coton s'est imbibé se communiquerait à la plaque et y formerait des taches. Votre couche de tripoli une fois bien étendue, vous frottez dans le sens de la largeur, de manière à former des lignes qui traversent la plaque dans toute sa surface; ce frottement, vif et animé, doit durer de 3 à 4 minutes, plus s'il en est besoin, jusqu'à ce que l'on n'aperçoive plus la trace laissée par le marteau du batteur; travail qui devient d'autant plus difficile que la plaque est plus grande, et qui réclame par con-

séquent une durée proportionnée à sa difficulté ;
quelquefois il arrive que le tripoli se sèche trop
promptement, alors votre plaque n'est pas polie. Si la couche de tripoli qui y reste est assez
considérable, versez quelques gouttes d'alcool
et recommencez à frotter ; si au contraire il en
restait peu, il faudrait en remettre, joindre une
nouvelle couche d'esprit de vin et polir de nouveau. On se sert le plus souvent d'un petit sablier de quatre minutes pour régler le temps
que le polisseur doit rester au mouillage ; il est
presque certain qu'après ces quelques instants
la plaque est suffisamment polie. Ceci achevé,
il doit toujours rester une faible couche de tripoli, on en verse quelques grains sur cette
couche, puis avec un nouveau tampon on chasse
d'abord légèrement le tripoli, ensuite on frotte
en travers pendant trois ou quatre minutes ; au
bout de ce temps on laisse aller son haleine
sur la plaque ; si vous n'apercevez aucun point
ni aucune tache de graisse et que la vapeur ne
stationne pas trop longtemps, c'est un signe
assez certain qu'elle est polie ; mais si vous

voyez çà et là quelques petits points, quelques
lignes ou traînées, il faut considérer le travail
jusqu'à ce moment comme entièrement perdu
et recommencer le poli en son entier. Veillez
aussi à ce qu'en soufflant on ne laisse pas tomber de salive, autrement elle entraînerait
dans les mêmes inconvénients que les taches de
graisse, c'est-à-dire que le travail auquel on
se serait livré jusqu'à ce moment deviendrait
inutile.

Lorsque vous avez la certitude que la plaque
est bien polie, vous prenez votre polissoir de
la main droite, la gauche doit passer légèrement sur le dos de manière à ce qu'il ne vacille
pas en tous sens, puis vous le promenez avec
légèreté en travers sur la plaque, dans le sens
des angles; après deux ou trois minutes, vous
le faites passer dans toute la largeur à peu près
pendant le même temps, en ayant soin d'appuyer cinq ou six fois à plein bras avant de le
quitter.

Les soins à employer pendant le poli ne
doivent pas se borner là; il faut encore s'entourer de bien des précautions avant de l'aban-

donner et de faire passer la plaque par la seconde opération, celle de l'iode.

Lorsque vous la jugez convenablement polie, vous vous disposez à l'enlever de la planchette, mais auparavant vous vous éloignez de quelques pas du lieu où vous l'avez polie, pour éviter que les petits grains de tripoli qui s'y trouvent ne viennent s'y déposer en poussière qui adhéreraient à la plaque et apparaîtraient sur le portrait. Une fois la planchette retirée de l'étau, vous faites passer légèrement le polissoir sur la plaque, pour enlever jusqu'aux dernières traces de poussière, vous dévissez promptement les agrafes en la tenant inclinée, vous la retirez, puis après avoir frappé un de ses côtés sur l'angle d'une planche ou tringle, vous l'introduisez enfin dans la boîte à plaque consacrée seulement aux plaques polies. A partir de ce moment, elle est prête à subir la seconde opération. Avec un poli, la plaque arrive rarement au degré nécessaire pour obtenir un bon portrait ; un second est presque toujours de rigueur : ceci s'applique à toutes les grandeurs, mais spécialement aux 1/3 et aux 1/2.

Une plaque peut servir six ou huit fois et plus,
si elle présente toutes les garanties nécessaires ;
si le portrait n'a pas été soumis à l'hyposulfite de soude et au sel d'or, la plaque se
contente d'un poli et peut subir presque indéfiniment cette opération sans éprouver une al-
tération sensible ; mais quand elle a passé par
ces deux substances, elle réclame plus de vigueur dans le poli ; un seul serait insuffisant,
mais si on répète cette opération quatre ou cinq
fois, les taches de cuivre se montrent et on doit
la rejeter.

Une plaque bien polie peut se conserver
deux ou trois jours ; mais pour cela, elle doit
être placée dans une boîte hermétiquement
fermée qui ne laisse pas d'accès à la poussière,
et avant de l'ioder, il est bon, pour ne pas dire
nécessaire, de faire repasser le polissoir quatre
ou cinq fois après l'avoir fixée sur la planchette ;
c'est un moyen d'éviter les accidents qui pourraient en résulter.

Néanmoins il est bien plus avantageux de se
servir de plaques qui sortent du poli, les produits ont sur elles beaucoup plus de prise ; elles

s'iodent plus facilement, et donnent aux portraits des tons chauds et vigoureux qui font
l'admiration du spectateur et la gloire de l'artiste.

Les plaques ainsi disposées sont prêtes à recevoir les produits chimiques.

# CHAPITRE III.

Du tripoli. — Sa préparation.

Pour polir des plaques on n'a jamais de trop bon tripoli; pour satisfaire aux conditions qu'on peut en exiger, il doit offrir la plus grande ténuité, être même presque impalpable. Si le grain du tripoli était trop gros, il rayerait la plaque, à l'emploi de laquelle on se verrait dans la nécessité de renoncer, si ces lignes étaient par trop prononcées. Pour reconnaître si le tripoli dont on se sert est assez fin et assez impalpable, on le fait passer entre ses doigts; s'il est propre à polir la plaque, il s'en échappera facilement; si, au contraire, il est dans de mauvaises conditions, vous sentirez des corps durs et résistants semblables en tout point aux grains fournis par le grès.

Le meilleur tripoli est sans contredit celui de Venise, dont nous garantissons la supériorité sur toutes les autres substances en usage pour le poli, pourvu toutefois qu'il possède toutes les qualités que nous venons d'indiquer. On peut citer encore la terre pourrie, la pierre ponce, l'essence de lavande, l'essence de thé-rébentine, l'huile d'olive, et une foule d'autres produits qu'il serait et trop long et inutile d'énumérer, attendu qu'ils sont tombés dans un entier abandon.

Quelquefois il arrive qu'après avoir bien frotté sur la plaque, et l'avoir cru bien polie, le portrait sort mal; cela tient souvent à ce que votre tripoli n'a pas été bien enlevé et qu'il s'est incrusté dans la plaque; c'est ce qui arrive assez souvent lorsqu'il n'a pas été soumis à la préparation suivante :

Avant d'employer le tripoli dont vous avez fait choix, prenez une vieille plaque 1/2 dont vous avez relevé les bords en forme de plateau, placez-la sur le pied à chlorurer, versez dessus du tripoli à peu près une quantité suffisante pour remplir une petite boîte dont nous allons parler dans la suite. On prend une forte lampe à esprit-de-vin et on la promène sous la plaque de ma-nière à en chauffer toutes les parties, et pour qu'il ne reste aucun point du tripoli qui ne reçoive les effets de cette chaleur, avec un couteau ou tout autre objet on le remue en tout sens et on l'étend bien. Au bout de 2 à 3 minutes on souffle la lampe, puis après avoir enlevé la plaque du pied à chlorurer, on verse le tripoli sur une feuille de papier pour l'introduire ensuite dans sa boîte. Le tripoli est prêt, sa couleur est devenue beaucoup plus foncée. Éviter au chauffage que la flamme passe sur le tripoli

# CHAPITRE IV.



**Du rouge anglais.—Sa préparation.**

Rien ne doit être négligé dans le choix du rouge d'Angleterre ; sa pureté et sa couleur un peu foncée sont les qualités qui le distinguent particulièrement. Avant de pouvoir servir au poli des plaques, il lui faut avoir subi la même opération que nous venons d'indiquer dans le chapitre précédent, c'est-à-dire que l'on a dû le faire chauffer fortement avec une lampe à alcool sur une plaque demie, avant de l'introduire dans une boîte exactement semblable à celle dont on se sert pour le tripoli.

Il est employé dans la préparation du polissoir, et serait impropre à son entretien s'il restait exposé à l'humidité ; aussi est-il bon, avant de s'en servir, de le placer quelques instants sur un poêle ou de le soumettre à l'action d'une douce chaleur ; le même soin peut être réclamé pour les boîtes de tripoli. Chaque jour avant d'attaquer sa plaque, on couvre çà et là son polissoir d'une petite couche de rouge anglais, puis on l'étend adroitement avec un fort tampon de coton sur toute la surface de la peau qui le recouvre, de manière que la couche soit la plus unie possible ; d'abord on forme légèrement de petits cercles avec le coton afin de faire pénétrer le rouge dans le polissoir, et ensuite on promène le tampon dans toute son étendue, depuis une extrémité jusqu'à l'autre ; sans ces soins particuliers, la plaque manquerait de ce ton moelleux qui en fait le charme.

# CHAPITRE V.


### Du polissoir.

Négliger l'emploi du polissoir, ce serait vouloir revenir à ces portraits verdâtres et sans
vigueur, auxquels le coton seul avait donné le
poli; ce serait vouloir reculer l'art jusque dans
ses premières limites. Le polissoir se compose
d'une pièce de bois parfaitement lisse , sur laquelle est étendue une couche de coton recouverte d'une peau de daim; c'est sur cette peau
que l'on étend le rouge d'Angleterre. Sur l'autre
côté du polissoir se trouve une poignée qui sert
à diriger l'instrument. Le chapitre II nous a
indiqué la manière de s'en servir. Les plaques
polies par un polissoir neuf ne sont pas en état
de donner un bon portrait, il faut au moins de 8
à 15 jours pour obtenir un heureux résultat, et
voici le moyen à employer : si l'on a de vieilles
plaques, des plaques qui soient déjà passées
par l'hyposulfite de soude et le sel d'or, comme
elles ne pourraient donner qu'un mauvais por-

trait après un premier poli, on se sert du polissoir neuf pour cette opération; de même
pour des plaques neuves que l'on voudrait polir
deux fois, le premier poli sera aussi donné
par le même polissoir; car nous croyons utile
de le dire, rarement on obtient un très beau
portrait avec une plaque qui n'a été polie qu'une
fois, il n'est le plus souvent que très médiocre,
tandis qu'avec deux polis on obtient fréquem-
ment de magnifiques épreuves. Sur les premières plaques il laisse de la poussière, il re-
jette le rouge dont on l'avait recouvert; cela
tient à ce que les pores de la peau ne sont pas
encore fermés par ces petits grains d'argent que
l'on remarque sur tous ceux qui ont plusieurs
mois de service. Rien de si précieux qu'un bon
polissoir, et quand on a été assez heureux
pour en obtenir un, il faut y veiller avec le plus
grand soin, le guider avec délicatesse sur la
plaque pour ne pas le briser, faire en sorte
qu'aucun corps étranger, même les doigts, ne
vienne se fixer dessus et y déposer des corps
gras; à partir de ce moment il serait gâté, il
serait perdu. Il ne doit jamais quitter sa boîte

qu'au moment où l'on est prêt de polir, et
aussitôt que l'on a fini, il doit être remis sur le
champ à sa place ; il faut bien se garder de le
laisser trop longtemps dans un endroit exposé
à l'humidité, ce serait peine inutile alors de
chauffer le rouge d'Angleterre avant de s'en
servir.

# CHAPITRE VI.



**Boîtes à tripoli. — Boîtes à rouge.**

Les boîtes dont on se sert pour le tripoli et pour le rouge offrent la plus grande simplicité. Elles consistent tout simplement dans une double boîte en carton s'emboîtant l'une dans l'autre; le fond de la boîte inférieure est fermé, la partie supérieure de l'autre est recouverte d'un tamis qui ne laisse passage qu'au tripoli et non pas aux graviers qui pourraient s'y trouver. Cette double boîte porte une couverture simple comme elle, et qui doit toujours se trouver sur la boîte quand on ne se sert pas de celle-ci. Il faut veiller à ne pas confondre ces deux boîtes lorsqu'on polit, et prendre l'une pour l'autre. Il y a des polissoirs qui laissent sur les plaques par eux-mêmes assez de rouge pour qu'un dé-faut d'attention ne vienne pas encore en ajou-ter. Du reste, la teinte qu'ils laissent sur le tamis permet de ne pas s'y tromper.

# CHAPITRE VII.



**Planchette à polir.**

La planchette à polir sert à porter la plaque
pendant le polissage ; elle se compose seulement
d'une planchette recouverte de drap, et au-
dessous de laquelle se trouve une poignée qui
sert à la fixer sur l'étau, pour la maintenir
dans une position solide pendant tout le temps
que l'on agit sur elle avec le coton et le polissoir. Aux quatre angles se trouve une agrafe
dans laquelle on introduit chaque côté de la
plaque ; une de ces agrafes est immobile ; les
trois autres sont mobiles et retiennent la plaque dans un état parfaitement stable, au moyen
d'une vis fixée au-dessous de la planchette. Ces
quatre agrafes doivent être en argent et non
en cuivre, ce dernier métal pouvant apporter
sur la plaque des taches cuivrées que l'argent
ne peut donner. La grandeur de la planchette
change avec la grandeur de la plaque, ainsi il

y a des planchettes 1/4, 1/3, 1/2, comme il y a des plaques 1/4, 1/3, 1/2 ; mais pour toutes le système est le même.

Passons maintenant à la seconde partie du daguerréotype, la préparation de la plaque par les produits chimiques.

# CHAPITRE VIII.

### Iodage de la plaque.

La plaque jusqu'ici n'est pas photogénique, c'est-à-dire qu'elle n'est pas apte à recevoir l'impression des objets à l'influence desquels elle doit être soumise. Pour la rendre photogénique, deux produits chimiques sont mis en usage : ce sont l'iode et cette substance si connue depuis quelque temps, je veux parler du chloro-bromure de chaux, dont personne ne peut contester les services immenses qu'il a rendus au daguerréotype. Ces substances sont renfermées dans deux boîtes parfaitement semblables, tantôt séparées et tantôt unies; cette dernière, à cause de son double compartiment, porte le titre de boîte jumelle; elle est en usage chez les principaux artistes; elle évite le transport de la plaque d'une boîte sur l'autre, et, partant, une trop longue exposition à la lumière. Chacune de ces boîtes contient une cuvette en porcelaine parfaitement rodée, destinée à recevoir les produits, et portée sur quatre élastiques qui la forcent de s'adapter étroitement à la partie supérieure de la boîte. Cette dernière porte une rainure livrant passage à un châssis revêtu d'une glace dépolie qui empêche toute sortie aux vapeurs chimiques, ou, ce qui est la même chose, en arrête l'évaporation; au-dessus de ce châssis s'en trouve un autre en rapport avec la grandeur que l'on veut préparer, 1/3, 1/4, etc., et sur lequel on adapte la plaque pour la soumettre aux produits. Ce châssis est mobile et facile à remplacer. Cette boîte simple ou double est fermée par une porte à charnière dont l'intérieur est noir pour éviter l'action de la lumière sur les produits. Telle est la boîte destinée à la conservation des produits en usage dans la préparation de la plaque. L'une de ces boîtes contient l'iode, l'autre le chloro-bromuré de chaux; le premier qui doit recevoir la plaque est l'iode; après l'avoir battue pour en chasser la poussière qui aurait pu s'y être fixée, on la met sur le châssis mobile, la face

tournée du côté des substances chimiques ; puis
on tire le châssis portant la glace, et la plaque
se trouve face à face avec le produit dont la
vapeur, qui n'avait qu'une action presque in-
sensible sur la glace dépolie, vient se condenser
sur la surface de la plaque et lui faire prendre
des couleurs différentes, suivant l'épaisseur de
la couche de vapeur. On la laisse ainsi exposée
à la vapeur de l'iode jusqu'à ce qu'elle ait atteint une couleur fleur de rose foncé, ce qui
demande une minute ou une minute et demie
environ ; on doit la surveiller de temps en
temps, et voici ce qu'il faut faire :

Une feuille de papier blanc est toujours placée à côté de la boîte à iode ; lors donc que
l'on est prêt d'examiner la plaque, on ferme le
châssis pour éviter la déperdition de la vapeur
et, par suite, l'affaiblissement du produit chimique, puis saisissant de la main gauche la
feuille de papier, et de l'autre la plaque entre
le pouce et l'index, on les approche l'une de
l'autre à la hauteur de l'œil, ensuite on se baisse
un peu, et on consulte la plaque ; lorsqu'elle
n'a pas encore la couleur demandée et qu'elle

n'a atteint qu'un jaune paille, jaune or, plus ou moins foncé, on la remet de nouveau dans le châssis et sous l'influence de l'iode ; on emploie toujours le même moyen pour la consulter, et on continue ainsi jusqu'à ce que l'on ait obtenu la couleur fleur de rose indiquée précédemment ; un peu plus, un peu moins foncé n'apporte pas un grand changement ; cependant il ne faut pas la laisser passer à d'autres couleurs trop prononcées. Lorsque la plaque est suffisamment recouverte de la vapeur de l'iode, on la fait passer sur la cuvette ou boîte à chloro-bromure de chaux ; selon quelques artistes, il faudrait consulter la couleur de la plaque, comme nous l'avons fait à l'iode ; mais comme l'exposition trop prolongée de la plaque à la lumière altérerait sensiblement la vigueur du portrait, nous préférons ne la pas regarder et la laisser sur cette substance de 10 à 12 secondes ; puis, après l'avoir fait revenir à l'iode, elle y reste de 30 à 35 secondes, après quoi on ferme le châssis et on tire le rideau du cabinet pour qu'elle ne reçoive aucune atteinte des rayons lumineux. Lorsque, par ce moyen, on a obtenu une demi-obscurité, on retire la plaque du châssis en la prenant entre le pouce et l'index, et on la porte dans la planchette à plaque que l'on doit toujours avoir sous la main au moment de la préparation de la plaque qui, à partir de ce moment, est prête à recevoir le portrait; c'est-à-dire que l'on peut passer à l'exposition de la chambre noire.

Maintenant que nous savons ce qu'il y a à faire pour rendre la plaque photogénique ou impressionnable à la lumière, il est bon de ne pas négliger certaines considérations qui, si elles ne sont pas nécessaires pour la sortie du portrait, augmentent plutôt qu'elles ne diminuent son perfectionnement et sa valeur.

Lorsqu'un artiste vient de déposer ses produits, iode ou brôme, dans ses boîtes, il ne doit pas s'en servir aussitôt, mais bien attendre 48 heures pour qu'elles puissent s'imprégner de la vapeur des produits chimiques qui, si on les employait sur-le-champ, se partagerait entre la boîte et la plaque, et par conséquent agirait avec beaucoup moins de force et d'énergie sur celle-ci.

Quelles que soient les manipulations à faire, il faut veiller à écarter le plus possible la lumière de la plaque, surtout lorsqu'elle a reçu les produits; aussi, nous servons-nous d'un cabinet noir, laissant à peine un demi-jour pour nos préparations. Sa construction est simple; il est formé par un rideau en laine noire qui entoure l'endroit où sont placées nos boîtes et dont un des côtés peut se relever et s'attacher au moyen d'un petit crochet qui laisse l'entrée au jour pendant une partie de l'opération, surtout lorsqu'il s'agit de consulter la plaque. Dans ce cas, pour diminuer l'intensité de la lumière, on l'incline légèrement dans le sens de l'opérateur qui, par une légère flexion, peut la surveiller librement; mais cet examen doit se faire très rapidement.

Ce n'est pas que ces conditions soient de la dernière nécessité; nous ne voulons pas dire qu'en ne les remplissant pas on n'obtiendrait pas de portraits; seulement, au lieu de ces portraits chauds et vigoureux qui font le charme et l'admiration de l'amateur du beau, l'on n'a plus que ces chétifs portraits sans vigueur dont la médiocrité satisfait peu le public. Un artiste pourra tirer parfaitement le portrait et n'avoir cependant que de faibles épreuves, s'il a négligé de s'entourer de ces petites précautions qui à elles seules donnent au portrait sa valeur ou sa faiblesse, selon qu'elles ont été négligées ou mises à profit.

C'est toujours dans le même but que l'artiste, en passant des préparations à l'exposition à la chambre noire, ne doit jamais porter le châssis contenant la plaque, si ce n'est recouvert d'une pièce d'étoffe quelconque, d'un foulard par exemple.

Il serait bon que l'artiste pût fixer chaque matin la durée nécessaire à l'exposition de la plaque sur le chloro-bromure de chaux; pour cela il a un moyen facile à sa disposition : il consiste à placer la plaque sur la boîte à l'iode, et lorsqu'elle est arrivée à la couleur rose, à la faire passer sur la boîte à bromure de chaux; on la laisse exposée en son entier à l'action du produit chimique, pendant 10 secondes, puis on ferme le châssis à glace, de manière à en soustraire un tiers seulement à l'influence du chloro-bromure de chaux, on reste ici 5 secondes, puis on ferme encore le châssis d'un autre tiers, et on la laisse ainsi ouverte pendant 5 autres secondes et on ferme ; on retourne ensuite à l'iode où l'on reste de 30 à 35 secondes, puis on passe à l'exposition de la chambre noire. De cette manière, il est facile de faire en quelques minutes un certain nombre d'essais ; à la sortie de la boîte à mercure, on peut constater le temps que l'on devra laisser la plaque au bromure de chaux, d'après la meilleure teinte accusée par les diverses parties du portrait. Cela se peut d'autant mieux, que l'on n'est pas tenu à ne diviser la plaque qu'en trois parties, l'artiste peut lui donner autant de nuances qu'il voudra avoir de résultats différents.

Le chloro-bromure de chaux n'est pas susceptible de grandes variations. Si on opère dans de bonnes conditions, et que les endroits où s'exécutent les diverses opérations soient à égale température, on est presque assuré du succès pendant des mois entiers sans aucun changement. On se sert ordinairement d'un petit thermomètre pour établir dans chaque pièce l'égalité de température.

Une plaque préparée à l'avance peut sans in-

convénient attendre de 5 à 10 minutes l'exposition à la chambre noire; mais la laisser des
heures entières avant de faire le portrait, c'est
s'exposer à de mauvais résultats que l'on ne
constate pas chaque fois qu'elle est restée longtemps préparée avant l'exposition; mais le succès est trop douteux pour que l'on veuille en-
courir de telles incertitudes.

Mais là ne se bornent point les soins à donner
à la plaque, il en est un que nous recommen-
dons dans toutes les circonstances, parce qu'à
chaque pas on trouve l'occasion d'en faire l'ap-
plication. Éviter la poussière est un des points
les plus importants, et malgré toutes les précautions qu'on y apporte, il n'est pas rare
encore d'avoir à en regretter la présence. Nous
en avons parlé lorsqu'il s'agissait d'enlever la
plaque de la planchette à polir; nous avons con-
seillé aussi de n'en pas laisser dans la boîte à
rainure qui les renferme après le poli; mais ici,
il est de la plus haute importance d'en débarrasser complètement la plaque avant et pendant
sa préparation.

Avant : s'il y a quelque temps que la pla-

que a été polie, on la remet sur la planchette
et on fait passer le polissoir dessus cinq ou six
fois, en appuyant à plein bras; nous avons dit
qu'il fallait veiller à ce que les boîtes qui devaient les contenir fussent toujours bien net-
toyées, sans quoi, si elles recélaient de la poussière, cette poussière se fixerait sur la plaque
et y formerait de petits points noirs qui repa-
raîtraient au moment où se terminerait le portrait.

Enfin, avant de la placer sur les produits chimiques, on frappe un ou deux de ses côtés sur
les angles d'une planche ou tringle, pour abattre les petits grains, s'il s'en trouvait.

Pendant chaque fois que l'on retire la plaque du châssis, soit pour la consulter, soit autrement, la face doit toujours être tournée du
côté de la terre, de cette manière la poussière
ne peut pas venir se déposer à sa surface.

La plaque ainsi préparée, toutes ces précautions bien prises, on peut procéder à l'exposition de la chambre noire.

# CHAPITRE IX.



Lorsque la plaque est bien préparée, on passe alors à l'opération de la chambre noire, ou autrement on fait le portrait.

Après avoir fait asseoir votre modèle sur une chaise ou fauteuil parfaitement d'aplomb, et avoir fixé sa tête au moyen de l'instrument qui, à cause de son usage, porte le nom d'appui-tête, en ayant toutefois choisi par avance le lieu le mieux éclairé par la lumière, vous placez votre chambre noire sur le pied qui la supporte, vous la dirigez bien en face de la personne dont vous voulez reproduire l'image; ensuite, au moyen d'une vis d'engrenage qui permet d'éloigner ou de rapprocher l'objectif, vous amenez votre personne au foyer, c'est-à-dire que sur une glace dépolie et placée en arrière de l'objectif, vous recevez l'image pure et nette, mais renversée, de l'objet ou de la personne que vous allez tirer ; il n'y a qu'un point où l'image offre ces conditions : si vous tournez votre vis un peu plus ou un peu moins, vous n'avez plus qu'une image obscure et embrouillée et par suite votre portrait est mal sorti ; la glace dépolie sera remplacée par le châssis et la plaque au moment de l'opération. Voici pour la disposition de votre appareil ; quant à celle de votre modèle, elle offre un peu plus de difficulté, surtout si la personne veut choisir elle-même sa pose, pose quelquefois excentrique et qui le plus souvent ne lui convient nullement. Dans cette circonstance l'opérateur doit l'engager à prendre celle qu'elle préfère et s'attacher ensuite à la réformer autant qu'il est en lui, pour la rendre la plus agréable possible. Les poses les plus avantageuses sont celles-ci : un bras appuyé sur la table, la main tombant sur la cuisse et à moitié fermée et de manière que le petit doigt seul porte en plein sur le pantalon ; l'autre bras descendant le long des côtes et en demi-cercle, de sorte que la main vienne poser sur le milieu de la cuisse, absolument de la même manière

que l'autre.—Une pose sied assez bien, surtout
aux dames ; elle consiste à tenir un coude fixé
sur une petite table, la tête portée par la main;
l'autre bras est disposé comme dans le cas précédent. — Quelquefois on place une des mains
dans le gilet, de manière à laisser voir l'extrémité du poignet, le coude porté sur la table ;
l'autre bras comme pour les deux poses précé-
dentes.—Quelles que soient les poses, il faut toujours que la personne soit bien enfoncée sur la
chaise, le corps légèrement porté en avant; la
tête droite et le corps dirigé un peu obliquement.

Faire un portrait de face est un fort mauvais
système; un portrait de 3/4 est toujours préférable. S'il s'agit par exemple d'une personne
ayant un gros nez, votre portrait la reprodui-
sant avec un nez gros et épaté, nécessairement
il lui paraîtrait désagréable et vous seriez dans
la nécessité de recommencer. Laisser prendre
des poses pleines de raideur et de gêne est un
grand défaut, elles doivent toujours être natu-
relles, sans quoi le but est manqué ; vous avez
quelque chose de votre modèle, mais la ressem-

blance n'est pas complète, il y manque la nature.
Il faut bien se garder de laisser prendre au
modèle un air triste, sévère et dur, c'est le défaut de quelques artistes; il faut essayer de lui
donner un demi-sourire, sans toutefois ouvrir
la bouche, un air de contentement qui donne à
votre portrait une grâce qu'il n'aurait pas dans
le cas contraire; faire en sorte qu'il se forme
le moins de plis qu'il se pourra sur la figure.
Toutes ces observations sont l'affaire d'un moment pour un artiste expérimenté; au premier
coup d'œil, il aperçoit tous les petits défauts et
s'empresse d'y porter remède.

Ces dispositions étant terminées, on prend la
glace dépolie qui se trouve dans la chambre
noire, et on la remplace par le châssis et la
plaque. A ce moment, vous donnez l'ordre de
rester dans l'immobilité la plus complète, le
moindre mouvement dans les yeux, la bouche
ou toute autre partie amène dans le portrait le
plus grand désordre, il s'y forme quelque chose
de brouillé et de confus; quelquefois même
on y remarque doublement exprimée la partie
qui a reçu quelque mouvement; puis vous tirez la

planchette qui couvre le châssis et enlevez la capsule qui ferme l'objectif; l'opération commence, la plaque est soumise aux rayons lumineux. Le temps qu'elle reste ainsi exposée est en rapport avec la plus ou moins grande quantité de lumière et la température du lieu dans lequel on opère. Par une belle lumière, il n'est besoin que de 5 à 30 secondes; par le mauvais temps la pose devient double ou triple suivant que le temps est plus ou moins couvert de nuages; si la durée de l'exposition a été trop longue, le portrait vient brûlé, c'est-à-dire blanc; au contraire, si elle a été trop courte, il vient noir, il n'est pas suffisamment sorti : dans l'un et l'autre cas le portrait est manqué. Lorsque ce sont des nuages blancs, comme ils laissent facilement passer la lumière, l'opération est très courte et la réussite est plus heureuse que par les grands soleils; l'expérience est le meilleur maître à cet égard. Il n'est pas de temps bien fixe lorsque l'on travaille dans la chambre, il faut beaucoup d'habitude pour réussir.

Voici pour ce qui concerne le portrait. Pour les monuments, paysages, gravures ou lithographies, l'opération est plus de moitié moins longue, quoiqu'en rapport avec la lumière.

Les peintures ont plus de peine à se fixer sur la plaque, la durée de l'exposition est d'autant plus considérable que les couleurs sont plus foncées; mais elle est presque toujours plus longue que pour le portrait.

La disposition des objets par rapport à la chambre noire doit aussi être l'objet d'une sérieuse attention, il faut veiller à ce qu'ils soient tous placés sur le même plan, autrement les plus rapprochés seraient trop gros et les plus éloignés tomberaient dans le défaut contraire; il ne faut pas non plus qu'ils soient trop de côté, ou ils sortiraient mal, ou ils ne sortiraient pas.

On est obligé quelquefois de remédier au défaut de lumière ou à sa trop grande quantité; les fonds sont le moyen mis en usage.

# CHAPITRE X.

## Des fonds.

Par fonds on entend une pièce d'étoffe destinée à augmenter ou à diminuer l'intensité de
la lumière. Ces fonds doivent se trouver à 15
ou 20 centimètres derrière le modèle; ils se
détachent mieux sur le portrait; il faut aussi
qu'en hauteur ils se trouvent à un demi-mètre
environ plus haut que grandeur d'homme, ce qui
donne à l'artiste la facilité de faire son portrait
en pied. Ils changent de couleur suivant les sai-
sons; par les temps clairs on se sert de fonds gris
sombre; par les temps couverts de nuages, un
fond bleu clair sied beaucoup mieux. Quant à
l'étendue du fond en largeur, il dépend de l'em-
placement de l'artiste, suivant que la pièce ou
terrasse sur laquelle il opère est plus ou moins
vaste.

Mais il est une considération très importante
qui ne doit pas être oubliée : c'est que le fond

doit être bien tendu et ne former aucun pli ou bosse, sans quoi l'on serait à même de constater tous ces défauts, qui produiraient un très mauvais effet sur la plaque. Passons maintenant à la quatrième opération, qui détermine la présence du portrait, ou opération du mercure.

# CHAPITRE XI.

**Opération du mercure.**

Lorsque l'on juge la plaque suffisamment exposée aux rayons lumineux, on referme le
châssis et on recouvre l'objectif de sa capsule ;
le portrait est fait. Si au sortir de la chambre
noire on examinait la plaque, on n'apercevrait
encore aucune trace de portrait ; rien ne peut
le révéler et il reste à l'état latent jusqu'à ce
qu'il ait ressenti l'influence des vapeurs mercu-
rielles. Aussitôt que la planchette contenant le
châssis et la plaque sont retirés de la chambre
obscure, on passe dans un petit cabinet noir
exactément semblable à celui où se font les préparations de la plaque ; là se trouve une ou plusieurs petites boîtes renfermant une capsule en
faïence munie d'un petit thermomètre, et que
l'on peut chauffer en plaçant dessous une lampe
modérateur à esprit de vin ; dans cette capsule se trouvent environ 500 grammes de mer-

cure. Arrivé dans ce cabinet, on détache de la planchette le châssis-plaque muni du portrait et on l'introduit dans la boîte à mercure, en l'inclinant légèrement, de manière que les deux extrémités de la planchette aillent tomber exactement sur deux tringles obliques fixées sur les deux côtés de la boîte à mercure.

Au moment de son introduction, le mercure doit être chauffé de 65 à 70 degrés, que l'on peut remarquer sur le thermomètre, placé de manière qu'à la lueur d'une bougie on puisse constater à quel point il se trouve. Il ne faut jamais attendre que le portrait soit sorti de la chambre noire pour chauffer son mercure : on doit, au contraire, l'amener à 65 degrés avant de procéder à l'exposition à la lumière ; seulement on a soin d'abaisser la lampe de manière que le mercure reste à peu près stationnaire jusqu'à ce que l'on soit de retour. Un point important, c'est de veiller à ce qu'il ne monte pas trop haut, autrement il briserait le thermomètre et occasionnerait des taches de mercure sur le portrait si ce dernier se trouvait à ce moment dans la boîte.

3 ou 4 minutes forment tout au plus le temps qu'il doit rester sur le mercure; s'il arrivait que le mercure fût trop élevé, qu'il dépassât 72 à 75 degrés, il faudrait le laisser quelques secondes de moins. On se sert habituellement d'un petit sablier pour en régler la durée. Pour les artistes fort peu aidés par l'expérience, ils peuvent, après quelques instants, allumer une petite bougie dite rat de cave et examiner à quel point en est le portrait au moyen d'une petite glace située au-devant de la boîte à mercure; cet examen doit être très rapide; s'il était trop prolongé le portrait perdrait de sa vigueur et de l'énergie de ses tons.

Quelquefois il se déclare des taches blanches sur la plaque; elles viennent du mercure. Tantôt elles ont pour cause l'inégalité de température des pièces où l'on a opéré; tantôt la nécessité de nettoyer les boîtes à mercure et de leur enlever ces vapeurs blanchâtres qui les recouvrent intérieurement; souvent un trop grand abaissement dans la température, ou bien une trop grande élévation, et quelquefois enfin la présence de quelques bulles de mercure qui pourraient s'être dispersées çà et là dans la pièce ou cabinet où a eu lieu l'opération.

On peut arriver à les faire disparaître en partie en chauffant adroitement au sel d'or ; le mercure, s'il n'est pas en trop grande quantité, s'évapore et abandonne la plaque ; malheureusement il n'en est pas toujours ainsi ; il persiste et on est obligé de l'abandonner au lieu de s'exposer à faire sauter l'argent en chauffant trop fortement le portrait.

Aussitôt le temps que le portrait doit rester au mercure expiré, on souffle la lampe, puis on retire le châssis au moyen du petit bouton ou lanière en cuivre qui y est fixé, puis on jette un coup d'œil sur la plaque. Si le portrait est bien venu, on procède au fixage ; si au contraire il est ou trop blanc ou trop brûlé, la plaque doit être repolie et on opère sur une autre.

Comme réflexion particulière au mercure, disons que la température à donner à la pièce où se passe l'opération ainsi qu'à celle où a lieu l'exposition à la chambre noire, est de 14 à 17 degrés.

Observons encore qu'après quelques jours de travail il faut avoir soin de bien nettoyer les boîtes, et pour cela on filtre le mercure dans un flacon à l'émeri, puis avec un petit linge on enlève les vapeurs de mercure déposées à l'intérieur ; quelquefois même, si elles étaient trop sales, on les laverait avec de l'esprit-de-vin. Il faut avoir soin de bien régler la température à cause des produits chimiques.

# CHAPITRE XII.



Lorsque le portrait est bien venu, pour peu que l'on promène sur la plaque le corps le plus léger, les barbes d'un pinceau bien fin et bien mou, par exemple, le portrait disparaît; il a donc fallu parer à cet inconvénient au moyen d'une cinquième opération, le fixage au sel d'or. Mais avant, il faut dégager la plaque des substances chimiques qui forment une espèce de couche ou voile qui recouvre le portrait. Dans une cuvette en faïence ayant environ 9 à 10 centimètres de profondeur, versez à peu près 1/3 d'hyposulfite de soude, et plongez-y d'un seul coup la plaque dès qu'elle est ôtée du châssis, agitez pendant 2 minutes la cuvette et la plaque pour l'aider à s'en débarrasser, puis transportez-la dans une autre cuvette semblable en tout à la première et dans laquelle vous avez auparavant versé de l'eau filtrée, agitez comme pour l'hyposulfite de soude. Il faut qu'au moment où vous jetez votre plaque soit dans l'hyposulfite, soit dans l'eau, le liquide la recouvre tout entière et au même moment.

Lorsque vous la retirez de l'une ou de l'autre des deux cuvettes, vous la prenez par un de ses angles pour la transporter de l'hyposulfite dans l'eau, et de l'eau sur le pied à chlorurer; mais avant de la mettre sur celui-ci, vous versez de l'eau filtrée pour la rincer. Lorsqu'elle est posée sur le pied vous versez à sa surface de l'eau distillée de manière à bien en établir le niveau, puis, par un des angles, vous en débarrassez la plaque et vous la remplacez par une solution de sel d'or (sel d'or Fordos-Gélis, bien supérieur au chlorure d'or, et qui a l'immense avantage de se gâter difficilement et de ne devenir jamais noir comme celui-ci), après quoi vous faites passer dessous une lampe à alcool jusqu'à ce que vous voyiez çà et là de petites bulles; il faut de temps à autre retirer la lampe, et pendant ce temps vous apercevez des vapeurs qui se dégagent à sa surface; il faut promener sa lampe ainsi en

rond jusqu'à l'apparition de ces petits globules,
c'est le sel d'or qui entre en ébullition, vous
pouvez retirer votre lampe; si elle ne restait
pas assez longtemps sous la plaque, le portrait
ne serait pas fixé; si, au contraire, la plaque
était trop longtemps exposée à sa chaleur, l'argent se séparerait du cuivre ou autrement
l'argent sauterait. Lorsque votre plaque est suffisamment chlorurée, au moyen d'une petite
pince on la saisit par un de ses angles, pour
déverser le sel d'or qui la recouvrait dans une
grande cuvette placée aux pieds de l'opérateur,
et destinée à recevoir les eaux après leur service; on doit tenir la pince de la main droite
et de la gauche un petit flacon contenant environ 1/2 litre d'eau distillée, dont on verse
environ la 10⁰ partie sur la plaque que l'on
tient inclinée, puis reprenant la lampe à alcool,
on la fait passer doucement sous la plaque
que l'on tient toujours avec la pince de la
main droite et dans la même position pour la
sécher, et lorsque l'eau l'a abandonnée, s'il restait encore quelques gouttelettes vers le pied,
on soufflerait dessus pour les faire disparaître,

puis avec un petit linge blanc on essuierait le bas de la plaque auquel de petites gouttelettes ont pu rester encore fixées. L'opération du fixage est terminée et la plaque vous apparaît brillante, vigoureuse et d'un blanc mat.

# CHAPITRE XIII.



La solution d'hyposulfite de soude dont on se
sert pour débarrasser la plaque des vapeurs
d'iode dont on l'avait recouverte pour la rendre
photogénique, se prépare de la manière suivante : dans un flacon contenant 1/2 litre d'eau
distillée, versez 50 grammes d'hyposulfite de
soude, agitez fortement votre flacon en tous
sens jusqu'à parfaite dissolution du produit;
lorsqu'il ne reste plus de trace de l'hyposulfite
de soude, au moyen d'une feuille de papier à
filtrer, papier gris que vous disposez en filtre
dans un entonnoir, vous filtrez la solution en la
faisant passer dans le flacon qui doit la contenir. La cuvette ou bassine dans laquelle on met
la plaque pour la laver dans l'hyposulfite doit
être environ 1/3 plus grande, afin que l'on
puisse l'agiter facilement; la même chose est
applicable à la grandeur de la cuvette renfer-

mant l'eau filtrée. L'hyposulfite de soude en vieillissant peut devenir sale et noir ; aussitôt qu'on s'aperçoit de ce changement, il faut le filtrer sur-le-champ, on l'empêche ainsi de gâter les épreuves.

# CHAPITRE XIV.

Préparation du sel d'or.

Dans un flacon bouché à l'émeri et contenant un litre d'eau distillée, mettez un gramme de sel d'or, agitez fortement pendant 2 ou 3 minutes pour accélérer la solution, puis filtrez et introduisez-la dans un autre flacon destiné à la conserver pendant tout le temps que l'on doit s'en servir. On peut l'employer aussitôt. Il n'est pas nécessaire cependant de préparer un litre de sel d'or à la fois, on peut très bien n'en faire que 1/2 litre ou 1/4 de litre en divisant le gramme de sel d'or en deux ou quatre parties, suivant la quantité que l'on veut avoir. C'est une des compositions dont le prix est le plus élevé, et c'est en raison de sa valeur que l'on établit le niveau de la plaque sur le pied à chlorurer avec de l'eau distillée, pour éviter toute déperdition du sel d'or en le plaçant sur la plaque si elle n'était pas parfaitement droite. Il faut veiller à

ce qu'il ne reste pas une seule partie de la plaque qui ne soit recouverte de la solution, autrement il se formerait sur le portrait des taches
noirâtres déterminées par l'absence du sel d'or.
Il doit rester le moins possible exposé à l'air
libre ; aussi lorsque le travail est terminé, est-
il bon d'entourer le flacon d'une feuille de papier ; il ne doit pas rester non plus exposé à un
trop grand froid, mais rester autant que possible soumis à une chaleur douce et modérée.

# CHAPITRE XV.

### Des couleurs et des pinceaux.

Les couleurs que nous employons pour le coloriage de la figure et des mains, sont :

Le carmin,

L'incarnat,

La chair femme très fraîche ou laque capucine.

Pour les habits et pour les fleurs :

Le carmin,

Le bleu foncé,

Le vert foncé,

Le violet,

Le jaune.

L'artiste en mélangeant ses couleurs avec goût et adresse, peut donner à ses portraits un certain relief qu'elles ne sauraient avoir entre les mains d'un homme sans goût et qui n'aurait pas su tirer de leur union tout le parti possible.

Les couleurs autres que celles que nous venons de citer sont généralement peu satisfaisantes quant aux résultats qu'elles amènent. Avant de s'en servir, les couleurs doivent être broyées de manière à les réduire en poudre fine et presque impalpable ; cette trituration se fait avec de fortes piles en verre, et demande presque un jour de travail pour être amenées à un degré de ténuité convenable. Aussi est-il préférable de les acheter broyées que d'exécuter ce travail soi-même ; il faut presque autant de peine pour en broyer peu que pour en broyer beaucoup.

Lorsqu'il s'agit de bagues, broches, chaînes, breloques, bracelets, etc., nous nous servons de coquilles d'or et d'argent.

Ce que nous appelons la couleur chair femme très fraîche est la laque capucine, le vert foncé ou vert émeraude, le bleu foncé ou bleu de Prusse, le chrôme orange, le jaune de chrôme n° 1, la sienne brûlée, le blanc d'argent, le sang dragon, le carmin d'indigo. Toutes ces couleurs peuvent se mélanger à volonté pour offrir des nuances différentes. Il faut bien se rappeler

qu'elles doivent toujours être employées à sec
et en poudre fine et impalpable.

Les pinceaux en usage pour poser les couleurs sur les épreuves daguerriennes doivent
être en nombre aussi considérable que les couleurs; chaque couleur doit avoir son pinceau à
elle particulier. Ils doivent être fins et mous,
pour ne pas effacer le portrait en le coloriant.

Les pinceaux que nous recommandons sont
la martre, les pinceaux à marbrer, le petit gris,
les pinceaux plumes de pigeon; celui dont on
se sert pour appliquer les couleurs sur les lèvres
et les yeux doit être plus fort et plus terminé
en pointe.

# CHAPITRE XVI.



L'on ne doit jamais songer à colorier une épreuve, si elle n'est bien fixée; car autrement le pinceau dans sa marche raierait la plaque et et l'épreuve serait perdue. Il faut donc avant de poser les couleurs être bien certain que l'on est resté un temps assez long au sel d'or.

Sur un carton très propre vous versez une pincée de la couleur dont vous voulez vous servir, puis plaçant une petite feuille de papier blanc sur les couleurs et appuyant fortement avec le pouce, on les fait adhérer au carton sur lequel elles doivent rester ; on fait de même pour toutes les couleurs dont on a besoin.

Pour colorier une épreuve, on la saisit de la main gauche entre le pouce et les autres doigts, puis prenant son pinceau de la main droite, on le fait passer légèrement sur les couleurs, pour le reporter ensuite sur le portrait. On commence par la couleur chair que l'on applique d'abord sur les parties bleues du visage et ensuite sur les mains; plus ces différentes parties seront bleues ou noires, plus nécessairement elles devront recevoir de cette couleur; on passe ensuite au carmin que l'on dépose légèrement sur les joues et sur les lèvres. On emploie encore les couleurs pour les rubans, les habits d'uniforme, les fleurs que l'on pourrait placer comme accompagnement du portrait. Quelquefois la quantité dont on s'est servi est trop considérable, ou est mal répartie, alors on prend un blaireau très mou que l'on promène doucement à droite et à gauche sur la partie qui en contient le plus. De même il peut arriver que l'on n'en ait pas placé suffisamment, alors on peut en ajouter avec son pinceau; il faut appuyer légèrement avec le pinceau et ne pas trop colorier le portrait, autrement la ressemblance serait détruite. Ainsi appliquées les couleurs se conservent très longtemps.

Voici pour ce qui concerne les couleurs à sec; pour les couleurs mouillées, elles ont le désavantage de ne pouvoir s'enlever après avoir été

posées , et avec elles il est très difficile de ne
pas détruire la ressemblance, à cause des dévia-
tions que le pinceau peut facilement éprouver
et auxquelles il est impossible de remédier.

Pour fixer les couleurs employées à sec, on
met la plaque dans une cuvette ou bassine contenant de l'eau distillée, mais il faut bien se
garder de l'agiter; puis après l'y avoir laissée
2 ou 3 minutes, on la prend avec une pince par
un de ses angles et on la tient légèrement inclinée sur une lampe à esprit de vin, l'eau s'écoule
à l'exception de quelques gouttelettes seulement
qui viennent se déposer au pied de la plaque ;
aussitôt que la lampe est retirée on souffle pour
enlever les gouttes d'eau, et s'il s'en trouvait
encore, ce qui arrive presque toujours, on les
essuierait avec un petit linge.

C'est ici le moment de parler de la manière
de poser les couleurs sur les bagues, bracelets,
broches, montres, chaînes, etc; c'est là surtout
que se produit une véritable difficulté, celle de
ne pas détruire en les apposant le dessin que
ces objets comportent. Ayant deux godets,
l'un d'or et l'autre d'argent, suivant que la

montre, la bague, etc., sont en or ou en argent, versez 1 à 2 gouttes d'eau distillée dans celui dont vous voulez vous servir; puis dans un autre godet versez-en 4 ou 5 gouttes; les pinceaux dont on doit se servir sont durs et pointus, il ne faut les mouiller que fort légèrement, et faire en sorte de ne poser que ce qui est nécessaire, autrement on ne pourrait pas enlever les couleurs, ou bien il faudrait lancer la plaque sur le champ dans une bassine d'eau distillée, frotter avec un pinceau dur et pointu l'endroit où elles se trouvent en trop grande quantité et sécher à la lampe à esprit de vin. Nous regardons l'épreuve comme perdue lorsqu'on a besoin de recourir à cette opération.

# CHAPITRE XVII.

**Encadrements.**

Lorsque la plaque a passé par toutes ces diverses phases, le poli, les préparations chimiques, l'exposition à la lumière, l'apparition du portrait au mercure, le lavage à l'hyposulfite, le fixage et enfin le coloris, elle est complètement terminée. Cependant si on la laissait ainsi elle ne resterait pas longtemps ce qu'elle est au sortir des mains de l'artiste; au contact de corps étrangers elle se verrait bientôt rayée et forcée même quelquefois de disparaître en entier sous leur pression; pour la préserver de leur atteinte, on a recours à l'encadrement. Les cadres ou passé-partout les plus employés sont ceux à fond chocolat ou noir à biseau. Les cadres ovales sont aussi généralement d'un fort bel effet pour les épreuves daguerriennes, mais il faut toujours les prendre plus petits que la plaque pour cacher les défauts qui pourraient se trouver sur les bords. Avant de se servir d'un passe-partout, quel qu'il soit, on l'ouvre avec un grattoir sur trois de ses côtés de manière à former une porte , puis après l'avoir nettoyé de telle sorte qu'il n'y ait ni poussière ni corps gras, on y introduit la plaque ; celle-ci doit être bien droite et laisser entre la tête et le biseau un espace d'environ 1 ou 2 centimètres ; si dans l'un ou l'autre des côtés de la plaque se trouvaient quelques taches ou défauts , bien entendu qu'ils doivent être cachés par le passe-partout ; lorsque la plaque est parfaitement placée, on la fixe au cadre avec trois ou quatre étiquettes gommées, on attache les deux côtés libres de la porte avec deux épingles et on recouvre le tout d'une feuille de papier fort, de la grandeur du passe-partout, auquel on la fixe avec de la colle de pâte.

Il existe un genre de passe-partout qui offre un assez grand inconvénient ; je veux parler de celui dont le biseau laisse rouler sur la plaque les petits grains d'or ou d'argent qui s'en détachent incessamment ; nous ne le conseillons pas.

L'encadrement le plus distingué se fait à l'aide d'écrins, de porte-feuilles, de porte-cigares, de porte-monnaie, broches, tabatières, médaillons, imitation de montre, souvenir, etc., dont les verres doivent toujours être concaves, pour éviter le froissement du portrait et du verre.

# CHAPITRE XVIII.



**Des produits chimiques.**

Dans une des cuvéttes composant la boîte aux préparations chimiques pour la plaque, dont nous avons parlé, on met 75 à 80 grammes d'iode en poudre, auxquels on ajoute 2 ou 3 grammes de chaux hydratée en poudre. Cette dernière substance est destinée à enlever à l'iode l'humidité dont il aurait pu s'emparer; et chaque fois que l'on suppose que l'iode est devenu humide, on ajoute 1 ou 2 grammes de cette même chaux. Lorsque ces deux substances sont unies, on agite la boîte pendant une ou deux minutes.

Dans l'autre cuvette mettez environ 100 gr. de chloro-bromure de chaux; agitez pendant une demi-minute et laissez reposer pendant 24 heures; après ce temps il peut servir indéfiniment. Quelquefois cependant, lorsqu'il sert depuis plusieurs mois, il perd de son énergie et prend une couleur blanche jaunâtre; il n'a pas

perdu de sa valeur. On reconnaît qu'il devient
faible lorsqu'on est obligé de laisser la plaque
plus longtemps exposé à ses vapeurs; tant qu'elle
n'y reste pas plus de 20 à 25 secondes, nous
conseillons de n'y apporter aucun changement;
mais si cependant la durée de l'exposition de
la plaque sur le chloro-bromure de chaux de-
venait trop longue, voici le procédé à employer
pour lui faire retrouver ses propriétés premières : prenez un petit godet en verre ou en
porcelaine, mettez-le au milieu de la cuvette à
chloro-bromure de chaux; versez dedans deux
ou trois gouttes de brôme pur et laissez reposer
un jour après avoir hermétiquement fermé la
boîte. Mais si on faisait usage de bromure de
chaux, on agirait de même pour lui rendre ses
propriétés. Quand on opère avec le bromure de
chaux, la plaque doit rester à l'iode jusqu'à ce
qu'elle soit devenue couleur fleur de rose; on
la transporte sur le bromure de chaux; elle doit
y rester de 30 à 60 secondes. De retour à l'iode,
le temps est exactement le même que sur le
bromure de chaux, et la plaque est préparée.

# CHAPITRE XIX.



**Composition du chloro-bromure de chaux.**

Il faut préparer, dans une cuvette en faïence ou porcelaine, comme celle dont nous avons parlé plus haut, de la chaux hydratée en petits grains ou pierres, la réduire en poudre et la passer au tamis; elle est bien préférable, attendu qu'elle s'imprègne plus facilement des produits chimiques. Cette cuvette doit être parfaitement rodée et fermée hermétiquement, de manière à faire obstacle à la sortie des vapeurs ou à l'entrée de l'air. Si cette cuvette est de grandeur 1/2, on pourra y mettre de 70 à 100 grammes de chaux hydratée tamisée; on la répartit uniment au fond de la cuvette, puis on tire la glace dépolie qui fait tiroir sur cette dernière. Dans un petit godet en verre ou en porcelaine, placé au milieu de la chaux, versez environ 25 grammes de brôme pur concentré, plutôt moins que plus; il n'est pas nécessaire de

les peser puisque c'est la couleur de la chaux
qui arrêtera l'opération. La chaux, lorsqu'on
l'emploie, doit être un peu humide. Quand
votre brôme est versé dans le petit godet, fermez
hermétiquement la boîte et laissez reposer pendant 24 heures; ce temps écoulé, ouvrez de
nouveau la boîte, le brôme a dû être absorbé
en son entier par la chaux; versez dans le
godet une à deux gouttes de fluorure de brôme
(cette dernière substance n'est pas rigoureusement nécessaire à la préparation du chloro-
bromure), fermez; 24 heures après regardez
de nouveau; si cette composition n'était pas
entièrement absorbée, on retirerait le petit
godet pour jeter l'excédant, puis on remuerait
la chaux pendant une ou deux minutes avec un
petit bâton en bois ou un petit tube de verre.
Lorsqu'on a ainsi agité cette préparation, on
remet le petit godet au milieu de la cuvette,
on verse dedans 20 grammes de brôme pur
concentré; de deux en deux heures environ on
consulte la couleur de la chaux, qui ne sera
arrivée à son terme que quand elle aura pris
une belle couleur rouge foncé; alors il faudra

retirer le godet et jeter l'excédant de brôme;
mais si après l'absorption entière du brôme la
chaux n'avait pas atteint cette couleur, il faudrait de nouveau mettre du brôme dans la capsule ou godet jusqu'à ce qu'on ait obtenu la
couleur demándée, après quoi on jette l'excédant de brôme, s'il y en a, et on agite la chaux
comme précédemment, mais pendant très peu
de temps. On remet de nouveau le godet au
milieu de la cuvette, on verse quelques gouttes
de chlorure de brôme pur concentré, dont les
vapeurs feront pâlir la chaux et lui donneront
une teinte jaune souffré très prononcée; re-
muez le mélange comme dans les cas précé-
dents, et sous ce ton pâle et décoloré il se for-
mera une couleur rouge sang de bœuf très vive;
agitez de nouveau jusqu'à faire absorber les
vapeurs de chlorure de brôme, et continuez
cette opération jusqu'à ce que la couleur soit la
même partout et que vous aperceviez des vapeurs
rouges jaunâtres dans la partie vide de la capsule, vapeurs dont on n'a pas à craindre la
combinaison avec la chaux saturée. On renferme la chaux et le chlorure de brôme dans

un flacon à large ouverture, bouché à l'émeri,
et on le secoue fortement de temps à autre (deux
minutes) pendant deux ou trois jours. Il est de
toute impossibilité de fixer avec précision les
proportions qui existent entre la chaux, le
chlorure de brôme et le brôme lui-même; elles
sont en raison du plus ou moins d'eau contenue
dans la chaux. Cette substance est-elle trop
sèche, elle absorbe difficilement les vapeurs de
brôme; au contraire, est-elle trop humide, elle
en absorbe une trop grande quantité et finit
même par se combiner avec elle, ce qui amène
un très mauvais résultat. Il faut, dans ce cas,
procéder par tâtonnement et se guider sur les
couleurs : rouge foncé pour la chaux qui n'a
encore reçu que le brôme, et rouge sang de
bœuf lorsqu'elle est passée par les vapeurs de
chlorure de brôme.

L'odorat peut encore être d'un grand service
en cette circonstance; il faut que la composition jette une forte odeur de chlorure de brôme
et agisse avec force sur les narines, même à
une assez grande distance. Si malgré l'intensité de la couleur elle n'accusait qu'une odeur

bromoforme ou iodoforme sans toutefois attaquer les organes, c'est qu'alors il y aurait eu combinaison entre les substances et la préparation ne remplirait pas le but pour lequel elle a été faite. Pour remédier à cet inconvénient on pourrait ajouter peu à peu une certaine quantité de chaux hydratée, bien sèche, et s'il le fallait, du chlorure de brôme en vapeur. On comprendra cependant qu'un peu de pratique est nécessaire pour préparer cette composition ; il n'est pas rigoureusement nécessaire de garder les mêmes proportions et d'obtenir exactement les mêmes couleurs ; cependant plus on s'en rapprochera meilleure sera la préparation, meilleur aussi devra être le succès. Voici pour ce qui concerne les artistes ou les amateurs ; les proportions sont en petite quantité. Si nous nous adressions à un fabricant de produits chimiques, au lieu de le préparer en quantité si peu considérable, nous lui dirions : prenez un immense flacon à l'émeri au lieu de la capsule, versez une bonne quantité de chaux et agissez d'après ce que nous avons dit précédemment.

Dans le cas où le chloro-bromure de chaux deviendrait humide, il faudrait y ajouter du bromure de chaux tel qu'on le prépare ordinairement, 1/4 de la quantité du chloro-bromure. Fermez hermétiquement, vingt-quatre heures après il aura repris ses propriétés. S'il se réunissait en petites mottes, il faudrait les écraser.

# CHAPITRE XX.


**Bromure de chaux. — Sa composition.**

Pour les artistes qui ne font pas usage du chloro-bromure de chaux et qui emploient le bromure de chaux, nous leur en donnons ici la préparation. Dans une assiette ou vase de forme à peu près semblable, placez un morceau de chaux vive, versez quelques gouttes d'eau distillée pour qu'elle se divise, forme un mortier et se réduise en poudre que l'on fait passer par un tamis; on peut en préparer une très grande quantité que l'on conserve dans un flacon bouché à l'émeri. Pour préparer le bromure de chaux on prend environ 1/4 de litre de cette chaux ainsi préparée et on la met dans une cuvette à eau bromée; dans le milieu on dispose un verre très petit dans lequel on verse 45 à 48 grammes de brôme pur, puis on recouvre la cuvette avec un objet noir quelconque, on laisse reposer pendant quarante-huit heures; la chaux alors doit présenter une couleur rose un peu rouge, le brôme a été absorbé par la chaux, il n'en reste plus dans le verre. On met ensuite le bromure de chaux dans un flacon bouché à l'émeri et de telle sorte qu'il ne puisse pas s'évaporer ; ce flacon doit toujours être enveloppé dans une grande feuille de papier noir ; lorsqu'on veut travailler on prend la quantité que l'on juge nécessaire. Les personnes qui préparent elles-mêmes le bromure de chaux doivent prendre leurs précautions en débouchant le brôme ; il serait dangereux de le respirer en trop grande quantité.

Lorsque la boîte à bromure de chaux est bien rodée et qu'elle ne prend pas d'air, elle est propre à faire le bromure de chaux ; on peut à la place prendre un flacon à large ouverture bouché à l'émeri ; mettre dedans la chaux et le verre contenant les 45 à 48 grammes de brôme pur, reboucher le flacon et laisser reposer pendant quarante-huit heures, comme il a été dit précédemment.

Si le bromure de chaux vient à perdre de sa force, mettez au fond de la boîte à bromure de chaux, le petit verre contenant une ou deux gouttes de brôme pur, recouvrez la boîte de la glace dépolie, laissez reposer vingt-quatre heures, vous pouvez travailler ; le bromure de chaux est aussi bon qu'il était auparavant. Cette opération peut se renouveler à l'infini et le même flacon servir continuellement.

# CHAPITRE XXI.

### Chambre noire.

Deux boîtes ou tambours à coulisse forment
la chambre noire; l'une porte antérieurement
l'objectif et présente une ouverture circulaire
en son milieu; un de ses côtés est ouvert et
livre passage à l'autre tambour qui est ouvert
sur deux de ses faces; il porte deux rainures
destinées à recevoir la glace dépolie sur laquelle
viennent se fixer les objets renversés, et qui
plus tard va être remplacée par le châssis porte-
plaque. Lorsque l'objectif ne suffit pas pour
éloigner ou rapprocher les objets, on augmente
ou on diminue la longueur de la chambre noire
au moyen de la coulisse, et de cette manière
on détermine l'éloignement ou lo rapprochc-
ment des objets : voilà pour ce qui regarde la
chambre noire dépourvue de son objectif.

# CHAPITRE XXII.

## Des objectifs.

La chambre noire, telle que nous venons de la décrire, manque du principal objet nécessaire à la formation de l'épreuve ; c'est un corps dépourvu du souffle qui l'animait ; rendez-lui ce souffle, il remplira ses fonctions avec une exactitude et une ponctualité merveilleuses; mettez un objectif à la chambre noire, et vous l'aurez rendue propre à remplir le but qui a présidé à sa formation.

L'objectif se compose d'une pièce cylindrique en cuivre ; ses deux extrémités portent deux verres achromatiques doubles ; il s'emboîte dans un autre cylindre plus court et fixé par trois vis à la chambre noire. Une crémaillière permet, suivant qu'on la fait jouer à droite ou à gauche, d'éloigner ou de rapprocher les objets.

Les meilleurs objectifs sont les objectifs allemands; ils sont préférables à l'objectif français, lorsqu'il s'agit de tirer le portrait; mais pour les paysages, points de vue, monuments, etc., nous employons plus volontairement l'objectif français, système allemand à long foyer.

Remarquons que l'objectif français ne présente qu'un foyer, tandis l'objectif allemand en offre deux, et il faut la plus grande attention pour trouver le foyer réel, autrement les portraits sortiraient mal, et l'on n'aurait qu'une image obscure et confuse des objets.

Lorsque l'on fait choix d'un objectif, il faut veiller à ce que les verres contiennent le moins possible de bulles ou de petits points; quoique, cependant il peut arriver que, malgré le nombre qui les recouvre, ils n'en soient pas moins satisfaisants sous tous les rapports. Depuis plus de huit ans, nous nous servons d'un objectif de Voigtlander et John, de Vienne, criblé de petits points, et toujours il nous a donné de magnifiques épreuves.

Chaque fois qu'on veut se servir d'un objectif, on prend une peau de chamois et on essuie les verres pour enlever les taches ou la poussière qui pourraient s'y être fixées; mais jamais il ne faut employer de pièces d'étoffe, pour ne pas rayer les verres.

Lorsque l'on veut placer son modèle au foyer, on prend une pièce d'étoffe rouge ou noire, dont l'opérateur se couvre la tête en même temps que la chambre noire, puis, après avoir introduit la glace dépolie dans sa rainure et après avoir enlevé la capsule qui se trouve au devant de l'objectif, on fait jouer la crémaillière de l'objectif, jusqu'à ce que l'on voie distinctement les moindres traits ou imperfections du visage et le corps dans tous ses détails, ensuite on remplace la glace dépolie par le châssis et la plaque, et on procède à l'exposition de cette dernière à la lumière.

# CHAPITRE XXIII.

### Pied à boule rotule.

Le pied à boule rotule est destiné à porter la chambre noire; il se compose d'un plan sur lequel repose la chambre noire. Ce plan est posé sur une boule renfermée dans une pièce de bois et peut être mis en mouvement dans tous les sens, suivant que la boule est ou non pressée par une forte vis en bois placée sous ce plan; il est soutenu par trois pieds à charnières ployantes en leur milieu, qui en facilitent le transport; ils sont mobiles et peuvent abaisser ou redresser le pied à volonté.

# CHAPITRE XXIV.



Les boîtes à mercure sont destinées à recevoir la plaque au sortir de la chambre noire ; elles ont presque la forme carrée ; deux tringles, disposées obliquement et sur les faces latérales, intérieurement à la partie supérieure de la boîte, sont destinées à recevoir le petit châssis muni de la plaque, après l'exposition de la chambre noire ; une glace fixée sur une des faces de la boîte permet de veiller à la sortie du portrait, lorsque l'on n'a pas de sablier pour guide. Cette boîte est fermée supérieurement par une porte à charnière ; inférieurement est placée une capsule en faïence destinée à recevoir le mercure ; elle porte un petit thermomètre, dont la boule vient tomber sur le mercure et dont la plus grande branche est fixée au devant de la boîte, en face de l'opérateur. Le mercure en chauffant fait monter la

colonne thermométrique ; il faut veiller à ce
qu'elle ne dépasse pas 68 à 70 degrés, ce qui
est d'autant plus facile que la capsule est
chauffée par une lampe modérateur à esprit de
vin, qui laisse la faculté de la faire stationner à
peu près au degré que l'on juge le plus convenable.

Lorsque l'on a retiré le portrait de la chambre
noire, on le dépose dans la boîte à mercure, où
il reste de 2 à 3 minutes, après quoi on le lance
dans l'hyposulfite de soude. Quelquefois il arrive
qu'en oubliant le thermomètre, il monte jusqu'à son dernier degré ; alors la colonne thermométrique, continuant cependant à monter,
est obligée de se faire jour, le tube se brise, et
l'on n'a plus de thermomètre. Si c'est un artiste
en voyage et qu'il ne soit pas à même de le
remplacer, alors il est obligé de veiller à la
sortie du portrait ; en portant une bougie en
face la glace, il l'aperçoit facilement.

# CHAPITRE XXV.



Le pied à chlorurer sert à porter la plaque au moment où on la fixe; il se compose d'une branche verticale, portée sur un pied ou base dont on a augmenté le poids pour empêcher l'instrument de vaciller à droite et à gauche; à la partie supérieure de la branche est soudé un carré formé par quatre montants fixés l'un à l'autre. Ce pied est généralement en fer.

# CHAPITRE XXVI.

### Boîtes à plaques.

Lorsqu'une plaque est polie ou même avant qu'elle n'ait passé entre les mains du polisseur; ou bien encore, lorsqu'elle sort de la boîte à mercure, comme il est de toute impossibilité de la laisser à l'air libre, sans qu'elle soit gâtée ou par la poussière ou par un corps étranger quelconque, on la place dans une boîte ayant un couvercle à charnière et garnie intérieurement sur deux de ses côtés de rainures dans lesquelles s'emboîtent les plaques une à une. Mais voici la disposition qu'elles doivent avoir : jamais une plaque ne doit avoir sa face cuivrée en face le côté argenté d'une autre plaque; en d'autres termes, elles doivent être argent contre argent et cuivre contre cuivre. Nous ferons remarquer en terminant qu'une plaque sortant du mercure peut rester quelque temps sans inconvénient dans la boîte avant d'être fixée.

FIN.

# TABLE DES MATIÈRES.


| | Pages. |
|---|---|
| Préface | 5 |
| Chapitre I. Du choix des plaques et des inconvénients de la mécanique à polir. | 11 |
| — II. Polissage ou décapage de la plaque. | 14 |
| — III. Du tripoli. — Sa préparation. | 22 |
| — IV. Du rouge anglais. — Sa préparation. | 25 |
| — V. Du polissoir | 27 |
| — VI. Boîtes à tripoli. — Boîtes à rouge. | 30 |
| — VII. Planchette à polir. | 31 |
| — VIII. Iodage de la plaque. | 33 |
| — IX. Opération de la chambre noire. | 43 |
| — X. Des fonds. | 49 |
| — XI. Opération du mercure. | 51 |
| — XII. Lavage à l'hyposulfite de soude. | 56 |
| — XIII. Préparation de l'hyposulfite de soude. | 60 |
| — XIV. Préparation du sel d'or. | 62 |
| — XV. Des couleurs et des pinceaux. | 64 |
| — XVI. Coloriage des épreuves daguerriennes. | 67 |

|  |  | Pages. |
| --- | --- | --- |
| Chapitre XVII. | Encadrements. | 71 |
| — XVIII. | Des produits chimiques. | 74 |
| — XIX. | Composition du chloro–bromure de chaux. | 76 |
| — XX. | Bromure de chaux. — Sa composition. | 82 |
| — XXI. | Chambre noire. | 85 |
| — XXII. | Des objectifs. | 86 |
| — XXIII. | Pied à boule rotule. | 89 |
| — XXIV. | Boîtes à mercure. | 90 |
| — XXV. | Pied à chlorurer. | 92 |
| — XXVI. | Boîtes à plaque. | 93 |


FIN.

Imprimerie VINCHON, rue J.-J. Rousseau, 8. — 1719.

# PHOTOGRAPHIE

## SUR PLAQUE

PAR

## M. LEGROS,

Membre de plusieurs Académies, Sociétés savantes,

HONORÉ DE PLUSIEURS MÉDAILLES D'OR ET D'ARGENT.

9 782019 973766